ABRAHAM LINCOLN

CARNET DE IDENTIDAD

- **¿Nacimiento?** El 12 de febrero de 1809 en el condado de Hardin (Kentucky)
- **¿Muerte?** El 14 de abril de 1865 en Washington
- **¿Partido político?** El Partido Republicano
- **¿Fecha de las elecciones?**
  - El 6 de noviembre de 1860
  - El 8 de noviembre de 1864
- **¿Duración del mandato?** Cuatro años
- **¿Aportaciones significativas?**
  - La abolición de la esclavitud (Enmienda XIII)
  - La Ley de Asentamientos Rurales
  - La defensa de la unidad nacional
  - El inicio de las obras para el ferrocarril

INTRODUCCIÓN

Abraham Lincoln, el «gigante de la Casa Blanca», cuya cara está esculpida en el monte Rushmore, es sin duda alguna una de las figuras más célebres de la historia americana. De origen muy modesto, autodidacta, trabajador incansable, sube los peldaños de la vida política gracias a la fuerza de su voluntad y se convierte en el 16.º presidente de los Estados Unidos. Su elección se encuentra en el origen de la guerra civil pero, en un solo mandato, logra preservar la unidad de la nación americana y resolver la cuestión de la esclavitud, que corrompe el país desde su creación. Aunque la Guerra de Secesión, de gran envergadura, oculta a menudo sus

ABRAHAM LINCOLN

La Guerra de Secesión
y la lucha contra la esclavitud

Por Mélanie Mettra
En colaboración con Christelle Klein-Scholz
Traducido por Marina Martín Serra

Historia en50MINUTOS.es

otras aportaciones, Lincoln será quién permitirá la reconstrucción del país, principalmente gracias a su economía de guerra, a la regulación del acceso a la propiedad y al inicio de las obras para el ferrocarril.

BIOGRAFÍA

Retrato de Abraham Lincoln de 1863.

INFANCIA

Abraham Lincoln nace el 12 de febrero de 1809 en el condado de Hardin (Kentucky). Niño de la Frontera, crece en una familia muy modesta. Su padre, Thomas Lincoln (1778-1851), es un agricultor analfabeto, que deja Kentucky para instalarse como colono en Indiana cuando su hijo tiene solamente siete años. Poco tiempo después queda huérfano de madre y encuentra un apoyo fundamental en su madrastra, Sarah Bush Lincoln (1788-1869). Chico de granja, no asiste a la escuela con regularidad y prueba varios oficios. Transportista de mercancías en Misisipi, construye con sus propias manos una chalana para transportar materias primas hasta Nueva Orleans. Después, cuando se instala en New Salem (Illinois) en 1831, trabaja sucesivamente en correos, como vigilante y como tendero. Así, obtiene cierta popularidad en la ciudad, alimentada por su jovialidad, su agudo ingenio y sus servicios de escritor público para la población más modesta.

¿SABÍAS QUE...?

La Frontera, uno de los fundamentos del imaginario americano, representa el límite entre los territorios colonizados y los grandes espacios todavía salvajes, entre la civilización y la barbarie. Más que un límite físico, es la promesa de un nuevo mundo que conquistar, que a la vez es esperanzadora y temible. Movida a lo largo del siglo XIX a medida que se avanzaba hacia el oeste, se vuelve obsoleta en 1980. La Frontera entonces ya no tiene realidad oficial, incluso si algunos territorios todavía permanecen inexplorados, marcando el final de una era y de una cierta representación del territorio americano. Entonces, se convierte en un mito fundador, que inspira incansablemente a la literatura y al cine.

PRIMEROS PASOS EN LA ESFERA POLÍTICA

En 1832, se afilia como voluntario a la milicia local para combatir contra los indios dirigidos por Black Hawk (jefe amerindio, 1767-1838) por un conflicto territorial. Luego, se presenta por primera vez como candidato a la Cámara de Representantes de Illinois, pero no sale elegido, a pesar de la mayoría aplastante de votos que recibe por parte de los ciudadanos de New Salem. Sin embargo, Abraham Lincoln no renuncia a su proyecto de entrar en la esfera política. Entonces, se embarca solo en el estudio del derecho, obtiene su título de abogado en 1837 y se marcha para establecerse en Springfield.

En 1834, es elegido para la Cámara de Representantes de Illinois, donde elabora y afirma su pensamiento abolicionista. Su ausencia de posicionamiento en relación con las tensiones con México durante su propia campaña para el escaño de Illinois en el Congreso como candidato del Partido Whig le permite ganar la votación. Pero, una vez en su puesto, denuncia públicamente la hipocresía de la administración del presidente James Knox Polk (1795-1849) sobre la entrada en la guerra (1846-1848) y desmiente la afirmación según la que los Estados Unidos habrían reaccionado a un ataque mexicano, afirmando que se trataba de ataques recíprocos vinculados a la propiedad disputada de territorios fronterizos. Esta oposición le cuesta el escaño, y Lincoln se retira entonces un tiempo de la vida política, renunciando a una eventual elección para el puesto de senador de Illinois.

ELECCIONES EN EL ORIGEN DE LA GUERRA CIVIL

A partir de 1856, se acerca al nuevo Partido Republicano, formado por miembros del Partido Whig, del Partido Demócrata y del Partido del Suelo Libre (*Free-soil Party*) que muestran claramente su posición antiesclavista. Abraham Lincoln se presenta como candidato a la vicepresidencia en el seno de su partido, pero no sale elegido. En 1858, sus compañeros lo eligen como candidato al Senado, y entonces lleva a cabo una dura campaña contra su rival, el demócrata Stephen Arnold Douglas (1813-1861). A pesar de sus brillantes intervenciones durante memorables debates con este último, pierde la elección, pero gana fama. Dos años después, en noviembre de 1860, y frente a un partido demócrata dividido, gana las elecciones presidenciales con casi el 40 % de los votos, a pesar de haber tres candidatos más. Cuando se anuncia la victoria de este hombre que se había declarado firmemente antiesclavista, Carolina del Sur se escinde, seguida por otros estados meridionales que fundan, en febrero de 1861, una nueva confederación. El ataque de los sudistas a Fort Sumter en abril de 1861 abre la Guerra de Secesión. Aunque en un primer momento Abraham Lincoln toma el mando de los ejércitos nordistas, trasmite la carga a Ulysses Simpson Grant (futuro presidente de los Estados Unidos, 1822-1885) para dedicarse a los asuntos políticos.

Bombardeo de Fort Sumter.

UNA NUEVA ERA

Para financiar la guerra, Abraham Lincoln no duda en establecer un impuesto sobre los ingresos y su secretario del Tesoro, Salmon Portland Chase (1808-1873), crea los primeros billetes verdes, cuyo valor no está indexado al oro o la plata. El 20 de mayo de 1862, ratifica el *Homestead Act* («Ley de Asentamientos Rurales»), que regula el acceso a la propiedad privada, y también da comienzo a las primeras obras de construcción del ferrocarril. El 1 de enero de 1863, la declaración de emancipación de los esclavos entra en vigor: todos los esclavos de los Estados en rebelión son declarados libres. Sin embargo, esta decisión desata la cólera de una parte de la población, opuesta al abolicionismo, y algunos ponen en marcha complots con el objetivo de matar al presidente. No obstante, esto no impide que Abraham Lincoln intente hacer que esta decisión entre en la Constitución de los Estados Unidos, sometiéndola primero al Senado en abril de 1864 y después al Congreso en enero de 1865. Adoptada tras debates animados y encendidos, Abraham Lincoln, reelegido en noviembre de 1864, no conocerá ni su ratificación final por la mayoría de los Estados, ni su entrada en vigor en diciembre de 1865: el 14 de abril de 1865, mientras asiste con su esposa a la representación de una obra de teatro, un joven simpatizante sudista, John Wilkes Booth (1838-1865), dispara contra él y lo hiere de gravedad en la cabeza. Lincoln muere al día siguiente, y su cuerpo es trasladado a Illinois para ser enterrado.

Asesinato del presidente Lincoln.

Aunque Abraham Lincoln fue enterrado el 4 de mayo de 1865, después de ser embalsamado se exhumó su cuerpo en varias ocasiones. Podemos contar hasta 17. En un primer momento, porque estuvo en tumbas provisionales antes de que se le erigiera un monumento funerario en el cementerio de Oak Ridge en Springfield, de acuerdo con la voluntad de su familia. Pero igualmente, porque en 1876, algunos años después de su asesinato, «Big Jim» Kinealy, socio de un falsificador encarcelado, quiso presionar para que lo liberaran robando el cuerpo del difunto presidente. Pero Kinealy y su banda solamente lograron desplazar la losa de la sepultura antes de ser perseguidos y capturados por las autoridades. Desde ese momento, para proteger la sepultura de su padre, Robert Todd Lincoln (1843-1926) pidió que la tumba fuera protegida, lo que comportó nuevas exhumaciones del cuerpo de Abraham Lincoln.

CONTEXTO POLÍTICO, SOCIAL Y ECONÓMICO

UNA VIDA POLÍTICA EN PLENA EBULLICIÓN

El primer medio siglo de existencia de los Estados Unidos se ve marcado en la política por el nacimiento, la elaboración y la maduración de corrientes de pensamiento que a continuación se expresan a través de partidos políticos. Estas se construyen, se escinden, se disuelven a medida que los posicionamientos se perfilan. Bajo las presidencias de George Washington (1732-1799), de John Adams (1735-1826) y de Thomas Jefferson (1743-1826), dos grandes corrientes marcan la esfera política, los federalistas y los republicanos-demócratas, cuyas divergencias se fundamentan sobre todo en el papel y las potestades del gobierno federal. A lo largo de los años, estas dos grandes familias políticas evolucionan y el Partido Federalista, favorable a un acercamiento con Gran Bretaña, no sobrevive a la guerra de 1812-1814 que enfrenta a las dos naciones. El partido republicano-demócrata se escinde en 1828 como consecuencia de la elección de Andrew Jackson (1767-1845) y de la cuestión de la esclavitud. Mientras que una parte de sus miembros sigue a John Quincy Adams (1767-1848, presidente de los Estados Unidos de 1825 a 1829) y se posiciona en contra de la esclavitud, la segunda, siguiendo los pasos de Andrew Jackson, crea el Partido Demócrata, que recibe el apoyo de los esclavistas, entre cuyos representantes cabe destacar a John Caldwell Calhoun (hombre político americano, 1782-1850).

Algunos años después, como reacción a la política del presidente Andrew Jackson, reelegido en 1832, nace el Partido Whig, que agrupa desde empresarios hasta granjeros y cultivadores. En un primer momento defiende la representatividad del Congreso frente a un presidente juzgado autócrata, y desarrolla su doctrina tras el éxito de cuatro de sus candidatos a la presidencia. Partidario de una economía moderna que se basa en el comercio y los intercambios, así como de una política educativa y cultural dinámica, dispone del apoyo de grandes nombres de la prensa y cuenta, entre sus miembros, con Henry Clay (hombre político americano, 1777-1852) o incluso con Abraham Lincoln. Sin embargo, a partir de los años 1850, mientras la cuestión de la esclavitud cobra cada vez más importancia, las tensiones sobre este tema alcanzan el clímax en el seno del propio Partido Whig, que termina desintegrándose. Sus miembros abolicionistas, entre los que encontramos a Abraham Lincoln, se reagrupan en una nueva formación política, el Partido Republicano, al que se unen igualmente los miembros del efímero Partido del Suelo Libre. Este último se había constituido para las elecciones presidenciales de 1848 con un programa que se basa en la oposición a la extensión de la esclavitud en los nuevos territorios y en la libertad de comercio, de empresa y de expresión.

El joven Partido Republicano adopta en junio de 1856 un programa decididamente antiesclavista, apoyándose en la incapacidad del Congreso para autorizar la esclavitud en todo nuevo Estado y en su obligación de prohibirla donde existe. Presenta a su primer candidato, John Charles Frémont (1813-1890), a las elecciones presidenciales de 1856, al que derrotará el demócrata James Buchanan (1791-1868).

Los republicanos, sin embargo, obtendrán su primera victoria cuatro años más tarde, con Abraham Lincoln.

UNA ECONOMÍA PROFUNDAMENTE DIVIDIDA

Desde el nacimiento de los Estados Unidos, la economía del país se divide en dos grandes regiones: el Norte, industrial y financiero, y el Sur, agrícola y comerciante. El Norte se industrializa rápidamente gracias a dos factores esenciales: la aportación de capitales extranjeros (que sostienen por ejemplo la extracción minera necesaria para el desarrollo de la metalurgia, favorecida por el comienzo de una revolución de los transportes) y la inmigración europea. Sin embargo, la ayuda proveniente de las inversiones extranjeras es bastante versátil y se encuentra sometida en gran parte a las relaciones que los Estados Unidos mantienen con sus socios europeos, pero también a su fiabilidad como acreedores. Por consiguiente, las crisis que el país atraviesa durante la primera mitad del siglo XIX debilitan de forma regular esta economía capitalista que, no obstante, logra continuar con su crecimiento, sustentado en parte por el aumento de la oferta monetaria gracias a los inicios de la fiebre de oro de finales de los años 1840. La inmigración europea, por su parte, proporciona la mano de obra necesaria para este desarrollo industrial. A partir de 1820, el inicio de la industrialización en el textil en particular, el crecimiento de las ciudades y puertos del noreste, pero también la colonización agrícola del centro de los Estados Unidos, atraen a una población europea que prueba suerte al otro lado del Atlántico: en un primer momento se trata de ciudadanos del norte de Europa, seguidos a continuación por la gran oleada de inmigrantes irlandeses que huyen de la hambruna de 1845-1848. Esta inmigración es esencial para el desarrollo económico, tanto industrial como agrícola. Sin embargo, también hace nacer una cierta antipatía encarnada en el movimiento *Know Nothing*.

¿SABÍAS QUE...?

El nativismo americano del siglo XIX está representado por el movimiento *Know Nothing*, que se convierte en una fuerza política de gran importancia en los años 1850. Salido de sociedades secretas como la Orden de la bandera cuajada de estrellas, está alimentado por la inmigración irlandesa católica, que algunos protestantes americanos ven a la vez como una amenaza económica —porque representa una mano de obra barata— y como un peligro para la democracia americana —ya que uno de los fundamentos del protestantismo es el no reconocimiento de la autoridad del papa. El declive de los *Know Nothing* fue tan rápido como su auge, puesto que en pocos años sus miembros fueron absorbidos por el Partido Republicano.

Mientras que en el Norte los Estados industrializados defienden un proteccionismo comercial destinado a frenar las importaciones de productos manufacturados susceptibles de hacerles la competencia, la economía de los Estados del Sur se apoya en la exportación y el libre comercio. En efecto, como los productores de algodón no disponen de las herramientas necesarias para la transformación del hilo en textil, alrededor del 70 % de las recolecciones se destinan a la exportación. Además, la estructura de las explotaciones, que se apoya en el sistema esclavista y está dominada por algunos grandes plantadores, no incentiva a la inmigración ni tampoco al desarrollo de la libre empresa. Así pues, la sociedad sudista se ve profundamente dominada por una forma de aristocracia terrateniente conservadora. Esta profunda dicotomía agrava las relaciones, cada vez más tensas, en el seno de la Federación.

LA ESCLAVITUD, UN PROBLEMA EN EL ORIGEN DE LA SECESIÓN

La cuestión de la esclavitud atormenta a la nación americana desde sus inicios. Durante la redacción de la Constitución ya es objeto de intensos debates que, sin embargo, no conducen a un acuerdo satisfactorio. No es hasta 1808 que la Constitución declara la prohibición de la importación de esclavos. Sin embargo, estipula en su artículo cuarto que cualquiera que intente escapar de un trabajo que está obligado a llevar a cabo por la legislación de un Estado deberá ser entregado a la parte demandante, sea cual sea la legislación en vigor del lugar donde esté el fugitivo; eufemismo inteligente para reconocer la legitimidad de la esclavitud en los Estados que la practican y para escapar de la legislación de los que luchan contra esta práctica. Esta posición también se encuentra en el compromiso de las tres quintas partes que, al tiempo que niegan el derecho de voto a los esclavos, emancipados o no, incluyen tres quintas partes de los suyos en el recuento de la población, necesario para la designación de los representantes de los Estados en el Congreso. Esta disposición da la posibilidad a los Estados esclavistas de obtener una fuerte representación, de la que esperan poder sacar provecho para influir en las decisiones políticas. Así, la Constitución ya cuenta con puntos de discordia, agravados por la Ordenanza del Noroeste, promulgada el mismo año que la Constitución. Al establecer las bases para extender el territorio hacia el noroeste, prohíbe la esclavitud en los nuevos Estados que obtengan la independencia, lo que marca profundamente la división geográfica de la esclavitud entre el Norte y el Sur.

No obstante, en 1820, la situación que era estable cambia por completo cuando Misuri, esclavista, pide constituirse como 24.º Estado: su entrada en la Federación implicaría la superioridad numérica de la representación de los Estados esclavistas en el Senado. Los antiesclavistas piden la prohibición de esta práctica en Misuri, pero los representantes sudistas se rebelan contra este intento de intervención del Congreso en la política de un Estado. Entonces, el senador Henry Clay interviene y propone que Maine, no esclavista, entre como 25.º Estado para compensar la entrada de Misuri. A continuación, fija el límite de la esclavitud en el sur con una línea de 36° 30' de latitud, lo que corresponde a la frontera sur de Misuri. El compromiso de Misuri es aceptado por las dos Cámaras y, hasta los años 1850, cada entrada de un Estado esclavista implica la de un Estado no esclavista.

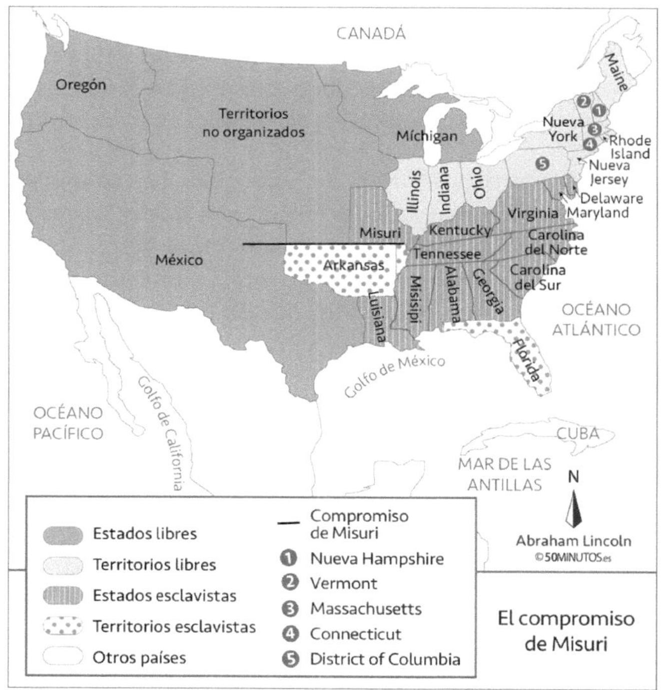

En 1850, se necesita un nuevo acuerdo, ya que el equilibrio se ve amenazado por la admisión de algunos estados tras la guerra contra México. Este texto, que de nuevo propone Henry Clay —al que se apoda «el Pacificador»—, contempla:

- la admisión de California como Estado no esclavista;
- el derecho de Nuevo México y Utah para decidir libremente si quieren practicar o no la esclavitud;
- la prohibición del comercio de esclavos en el distrito de

Columbia;

- la reafirmación mediante el *Fugitive Slave Act* del respeto al artículo 4 de la Constitución, que obliga a todo Estado que acoja esclavos fugitivos a devolverlos a su propietario.

Estas disposiciones, lejos de apaciguar las tensiones, afirman todavía más las posiciones. En el Norte, la idea de participar en un sistema denunciado desde hace décadas es fuente de un descontento creciente. La restricción de la práctica de la esclavitud en los nuevos Estados irrita a los sudistas, al borde de la secesión.

En 1854, el *Kansas-Nebraska Act* se encuentra en el origen de la creación de los dos territorios del mismo nombre y contempla que la legalidad de la esclavitud se decida libremente en ellos. Hace que las disposiciones del acuerdo de Misuri queden obsoletas, puesto que Kansas y Nebraska, situados en el norte de la línea fijada en 1820, tendrían que ser no esclavistas. Esta ley, defendida por el senador demócrata Stephen Arnold Douglas, desata la furia de los nordistas. El Partido Whig se divide y los antiesclavistas crean el Partido Republicano. El conflicto se extiende a Kansas, por parte de extremistas de los dos bandos que, mediante la violencia, intentan influenciar en la decisión final.

¿SABÍAS QUE...?

A lo largo de los años 1854-1861, numerosos movimientos a favor o en contra de la esclavitud se enfrentan de forma violenta, en particular en Kansas.

Los *Fire-Eaters* son esclavistas extremistas que militan desde los años 1850 a favor de la secesión de los Estados del Sur. Su eficaz propaganda precipita la división del país en el transcurso de la elección de Abraham Lincoln.

Los *Border Ruffians* son otra formación proesclavista violenta. Se trata de una milicia de propietarios sudistas de Misuri que regularmente llevan a cabo expediciones punitivas en Kansas, sin dudar en imponer una política esclavista. Perseguidos por el gobernador del Estado, continúan con sus abusos y se alían puntualmente durante la guerra con los hombres de la banda de William Quantrill (1837-1865). Este antiguo soldado confederado, al que le atraen más las acciones terroristas y el pillaje que la disciplina militar, peina Kansas y participa en la masacre de Lawrence en agosto de 1863, durante la que sus hombres y él matan a cerca de 145 personas y destruyen más de un centenar de edificios.

En el bando abolicionista, encontramos a John Brown (1800-1859), cuyo activismo se transforma en acción violenta tras el asesinato de uno de sus amigos periodistas. En 1855, masacra a propietarios de esclavos a golpe de sable en Kansas y, en agosto de 1856, participa en la batalla de Osawatomie contra las tropas de los *Border Ruffians*. Su proyecto de levantamiento de esclavos, que lleva a cabo desde 1857, fracasa en 1859. En efecto, durante su intento de tomar el arsenal de *Harpers Ferry*, es capturado por la tropa de fusileros marinos del coronel Robert Edward Lee (futuro general de la Guerra de Secesión, 1807-1870). Arrestado, es ahorcado y se convierte rápidamente en un mártir y en un símbolo de la causa abolicionista.

En 1857, la conclusión del caso Dred Scott delante de la Corte Suprema Federal intensifica todavía más la cólera de los nordistas. Este hombre, esclavo que había vivido varios años con su amo en el Norte y que luego había ido a Misuri cuando este murió para entrar en el servicio de su viuda, reclama su libertad. Su proposición es rechazada, por lo que intenta un proceso con unos argumentos basados en el hecho de que al haber vivido legalmente en los Estados en los que la esclavitud está prohibida, tiene que poder optar a la emancipación. La Corte Suprema, dominada por los sudistas, se pronuncia con tres puntos:

- en primer lugar, como negro, Dred Scott no puede ser considerado un ciudadano y, por consiguiente, no tiene el derecho a entablar un proceso;
- a continuación, su estancia en Estados no esclavistas no le concede la emancipación;
- finalmente, declara el acuerdo de Misuri anticonstitucional, afirmando que el Congreso no tiene la competencia de decidir la prohibición o no de la esclavitud, ya que esta se desprende de los derechos de los Estados.

Los antiesclavistas, muy perplejos, deciden tomar las armas políticas. Abraham Lincoln, miembro del reciente Partido Republicano, se presenta entonces a las elecciones al Senado de 1858, contra Stephen Arnold Douglas. A lo largo de la campaña, se hacen siete debates públicos que enfrentan a los dos candidatos; finalmente, Abraham Lincoln pierde las elecciones. Pero, a lo largo de la campaña presidencial, este pronuncia discursos que pasan a la posteridad, entre los que destacan el *House Divided Speech* («La casa dividida»), pronunciado en su investidura para la candidatura por su partido en 1854, y el de la Cooper Union (escuela de arte y de ciencias), que habla de la esclavitud y de la esencia del sistema federal y de los Estados. Ahora sus rivales lo perciben como la aterradora encarnación del abolicionismo y su victoria en las presidenciales de 1860 comporta la secesión casi inmediata de los Estados del Sur.

MOMENTOS CLAVE

CAMPAÑA ELECTORAL Y ELECCIÓN

Tras su derrota en las elecciones al Senado de 1858, Abraham Lincoln es designado por el Partido Republicano, en la tercera ronda de votación, como candidato a las elecciones presidenciales de 1860.

En el bando demócrata, el partido está profundamente dividido: aunque los sudistas esperan una verdadera defensa de sus intereses y de la esclavitud en particular, los candidatos a la investidura temen perder los votos de los Estados del Norte si adoptan una posición demasiado radical. Por consiguiente, durante la convención de Charleston en mayo de 1860, las 57 rondas de votación no permiten el desempate de los seis candidatos. Un mes después, el partido se divide en dos: los delegados del Norte designan a Stephen Arnold Douglas y los delegados demócratas del Sur eligen a John Cabell Breckinridge (1821-1875).

Se presenta también un cuarto candidato, John Bell (1796-1869), designado por el Partido de la Unión, que reúne a miembros del disuelto Partido Whig que no se han unido al Partido Republicano.

Durante la campaña, aunque los ataques vienen de ambos bandos, los republicanos evitan el tema de la esclavitud, por miedo de ver la secesión de los Estados del Sur. Sin embargo, los resultados muestran la escisión del país en dos zonas bien diferenciadas: en noviembre de 1860, Abraham Lincoln obtiene el 54 % de los votos de los Estados del Norte, frente al 4 % en el Sur. Lo que hasta ese momento muchos consideraban como una simple amenaza no tarda en concretizarse: el 20 de diciembre, Carolina del Sur es el primer Estado en retirarse de la Unión, seguida de Alabama, Misisipi, Georgia, Luisiana, Florida y Texas.

LA GUERRA DE SECESIÓN (THE CIVIL WAR)

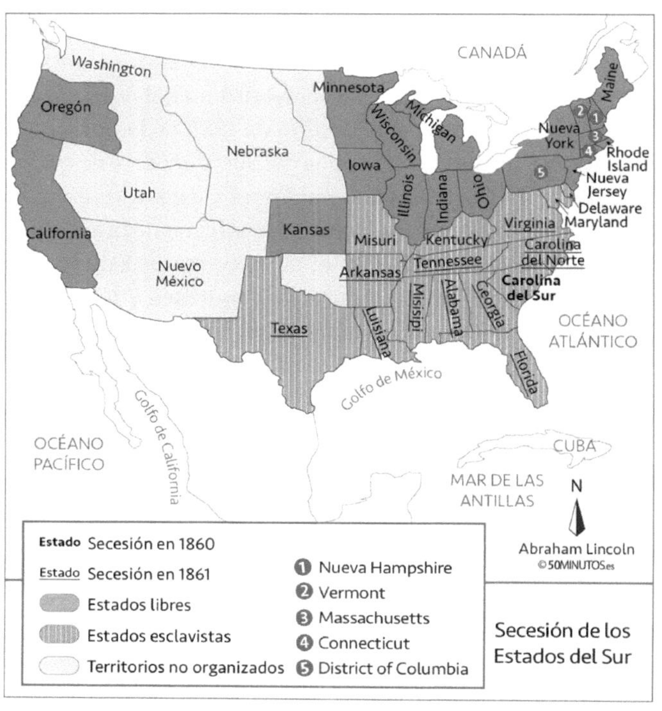

El 4 de febrero de 1861, los Estados secesionistas forman una nueva unión, llamada Estados Confederados de América. Dirigida por un presidente provisional, Jefferson Davis (1808-1889), tiene Richmond (Virginia) como capital. El presidente federal saliente, James Buchanan, afirma la ilegalidad de la secesión pero rechaza recurrir a la guerra, e intenta arreglar el problema a través de la diplomacia, proponiendo varios acuerdos que la Confederación rechaza. Cuando llega al poder, Abraham Lincoln se muestra menos categórico: la guerra es una opción que se puede contemplar. Incluso se vuelve inevitable en la primavera de 1861, solamente algunas semanas después de la investidura del nuevo presidente, tras el ataque, el 12 de abril de 1861, de la guarnición federal de Fort Sumter (Carolina del Sur) por parte de tropas sudistas dirigidas por el general Pierre Gustave Toutant de Beauregard (1818-1893). Abraham Lincoln moviliza entonces a 75 000 hombres y declara el bloqueo de los Estados del Sur. Carolina del Norte, Arkansas, Tennessee y Virginia se unen a la Confederación. Ahora la guerra transcurre en dos frentes, Este y Oeste, y el teatro de operaciones se sitúa casi exclusivamente en tierras sudistas.

El inicio del conflicto está marcado por victorias de la Confederación en el este. Las tropas del general Pierre de Beauregard ganan la batalla de Bull Run el 21 de junio de 1861, mientras que el general Robert Edward Lee frena a las tropas nordistas lejos de Richmond y las vence en Fredericksburg y en Chancellorsville en diciembre de 1862 y mayo de 1863. En el oeste, los soldados de la Unión mantienen a raya a las fuerzas confederadas. El general Ulysses Simpson Grant gana la batalla de Shiloh (6-7 de abril de 1862). Las fuerzas navales del general David Glasgow Farragut (1801-1870), que bloquean las costas del Sur, toman el puerto de Nueva Orleans en mayo del mismo año, y luego la Unión toma definitivamente el control del río Misisipi gracias a la victoria de Vicksburg en julio de 1863. En el mismo momento, el general Robert Edward Lee, enardecido por su victoria en Chancellorsville, intenta invadir la Unión, pero es detenido y derrotado por las tropas del general George Gordon Meade (1815-1872) en Gettysburg el 3 de julio de 1863, durante la batalla más sangrienta de la Guerra de Secesión. Abraham Lincoln declarará el campo de batalla cementerio nacional, en noviembre de 1863, y allí pronunciará su célebre discurso (*Gettysburg Address*), en homenaje a las víctimas de los dos bandos. En él, hace referencia a la nación tal como la concebían los padres fundadores, y llama a preservar el «gobierno del pueblo, por el pueblo y para el pueblo». Esta derrota es el canto del cisne para el ejército confederado. Los unionistas, dirigidos por el general William Tecumseh Sherman (1820-1891), atraviesan Georgia y las Carolinas, que separan la Confederación en dos por una franja de territorio devastada de 50 kilómetros de ancho, y toman Atlanta el 3 de septiembre de 1864, poco antes de la reelección de Abraham Lincoln. Richmond, capital de la Confederación, cae el 3 de abril de 1865. Seis días después, el general Robert Edward Lee se rinde ante el general Ulysses Simpson Grant y firma la capitulación de Appomattox (Virginia).

La rendición de Lee y de su ejército ante Grant.

Mientras la guerra más mortífera del siglo XIX, con cerca de 620 000 víctimas, se acaba, y se firma la Enmienda XIII, que establece la abolición de la esclavitud en todos los Estados Unidos, el presidente Abraham Lincoln, en lo alto de la gloria, resulta gravemente herido de bala el 14 de abril de 1865 en un teatro. El autor del disparo es John Wilkes Booth, actor de teatro simpatizante de la Confederación, arrestado y ahorcado algunos días después.

¿SABÍAS QUE...?

La Guerra de Secesión nos transmite imágenes populares muy extendidas, entre las que encontramos el sobrenombre de las tropas de la Unión. El nombre de *Yankee* dado a los nordistas durante la guerra se asigna desde de la Guerra de Independencia. Este sobrenombre, atribuido a los habitantes de Nueva Inglaterra en el siglo XVIII, lo usan los ingleses para designar a los colonos americanos, principalmente los del Norte. Así pues, para los habitantes del Sur, queda como una representación del nordista.

Aunque los unionistas no atribuyen ningún sobrenombre particular a los Estados del Sur, estos se atribuyen el de *Dixie*, que encontramos en el himno de la Confederación.

Otra imagen popular es la de los uniformes: azul para las tropas de la Unión, color heredado de la vestimenta de las tropas americanas federadas; gris y marrón para los Confederados, obligados a encontrar un color que los diferencie de los soldados nordistas.

LA PROCLAMACIÓN DE EMANCIPACIÓN Y LA ENMIENDA XIII

La postura de Abraham Lincoln durante la Guerra de Secesión es muy firme. Rechaza toda negociación con la Confederación, que juzga ilegítima, ya que la victoria solamente puede obtenerse en los campos de batalla. Igualmente, es estricto con sus generales: les reprocha las derrotas o su falta de espíritu combativo. Se apega a Ulysses Simpson Grant y a su subordinado, el general Sherman, de los que admira la tenacidad y dureza en su práctica de la guerra.

Sin embargo, es menos radical en lo que a los prisioneros se refiere. No reconoce la legitimidad de la secesión y de la nueva Confederación y, por eso, afirma que los hombres capturados durante los combates serán considerados ciudadanos americanos, por lo que no se les puede tratar y ejecutar por traición. Asimismo, es intransigente en lo que concierne a la captura de los soldados negros alistados en los ejércitos de la Unión: los confederados habían anunciado que estos prisioneros serían ejecutados o esclavizados y Abraham Lincoln responde que para cada prisionero negro ejecutado, se ejecutaría a uno confederado. Aunque las ejecuciones cesan, los confederados se niegan a revisar su postura sobre la esclavitud.

Desde el inicio del conflicto, miles de esclavos huyen hacia el Norte para llegar al territorio de la Unión, o se levantan en las plantaciones del Sur. Para ayudar a estos últimos, los negros libres del Norte piden que se haga una declaración de apoyo a sus compañeros del Sur. Un texto semejante permitiría igualmente colocar a Francia y a Gran Bretaña, cuyos posicionamientos pueden influenciar el juego político, en una posición delicada con respecto a su propia opinión pública, si reconocían oficialmente a la Confederación. Desde ese momento, como comandante en jefe de un país en guerra, Abraham Lincoln no necesita la validación previa del Congreso y, en septiembre de 1862, proclama la emancipación de todos los esclavos en los Estados rebeldes, efectiva a partir del 1 de enero de 1863.

Esta decisión, que se toma con carácter de urgencia y en una situación de crisis, tiene que ser confirmada e incluida en la

Constitución, para garantizar su aplicación y su permanencia. La adopción de este texto genera debates apasionados y acalorados en las dos cámaras del Congreso. En el Senado, el proyecto se propone en enero de 1864 y es adoptado en abril; la Cámara de los Representantes, en cambio, lo rechaza en un primer momento y luego lo adopta, en enero de 1865. La ratificación de todos los Estados dura todavía un año, y hay que esperar hasta diciembre de 1865 —ocho meses después del asesinato del presidente— para que la Enmienda XIII entre en la Constitución de los Estados Unidos.

LA CREACIÓN DE LOS BILLETES VERDES

Durante el primer mandato de Abraham Lincoln, la economía de los Estados Unidos se pone al servicio de la guerra. Las medidas adoptadas tienen el objetivo de financiarla, pero van a quedarse en el sistema económico de forma duradera. Salmon Portland Chase, nombrado secretario del Tesoro, no es un incondicional de Abraham Lincoln, ya que lo encuentra demasiado moderado, pero cumple con su función con una eficacia destacable. En 1862, presenta al Congreso el *Legal Tender Act*, la ley sobre la moneda legal, que autoriza la creación de papel moneda no convertible en oro y del que solamente cuenta el valor nominal. Esta medida conlleva la creación de un nuevo sistema de banca federal. Asimismo, se ponen en marcha los *National Banking Acts* de 1863 y 1864, destinados a unificar el sistema monetario, que ponen punto final a la emisión de una moneda propia para cada banco regional, reembolsable en los préstamos hechos en el extranjero. Para nacionalizar su emisión y depender menos de los banqueros privados, se crea un esbozo de Reserva

Federal.

EL HOMESTEAD ACT Y LA COLONIZACIÓN DEL OESTE

En 1862 se promulga el *Homestead Act*, que estipula que cualquier persona a la cabeza de una familia que haya ocupado y cultivado un terreno durante cinco años consecutivos puede convertirse en su propietario legítimo, y que la ocupación de un terreno durante seis meses reduce el precio de compra (1,25 dólares por acre). Durante el primer mandato de Abraham Lincoln, esta ley permite que 15 000 granjeros posean su tierra. Mientras que en el origen estaba destinada a favorecer el acceso a la propiedad de las poblaciones modestas, finalmente les beneficia poco. En efecto, antes de encontrar una tierra en la que poder instalarse, las familias tienen que pagarse el viaje hacia el Oeste, el desbrozo del terreno y las diferentes instalaciones necesarias para sobrevivir. Muchas de estas familias terminan vendiendo sus parcelas a varios especuladores para poder pagar sus deudas.

Pero esta ley proporciona el marco de la colonización del Oeste, que se verá facilitada por una nueva política de transportes. En efecto, bajo la presidencia de Abraham Lincoln se desarrollan los ferrocarriles transcontinentales. El *Pacific Railroad Act* promulgado en 1862 da comienzo a las primeras obras entre Omaha (Nebraska) y Sacramento (California), que representan alrededor de 3000 kilómetros de vías férreas. Las obras se confían a dos compañías, la Central Railroad Company para la parte occidental y la

Union Pacific Railroad para la parte oriental, y se acaban en 1869, con el cruce de las dos vías en Promontory Summit (Utah).

REPERCUSIONES

EL DESACUERDO ECONÓMICO NORTE-SUR

Aunque la Confederación no puede reembolsar las deudas contratadas para financiar la guerra, que sumen a la región en una importante crisis financiera, la Unión sale del conflicto menos endeudada gracias a la política económica del secretario del Tesoro, Salmon Portland Chase.

Por consiguiente, el Norte se recupera rápidamente reactivando su industrialización. Sin embargo, la dificultad de obtener capitales y las crisis financieras que se derivan de la guerra civil debilitan puntualmente una economía en pleno crecimiento. Esta se sostiene, en particular, gracias al desarrollo del ferrocarril. La red cada vez más importante del territorio permite igualmente crear una economía nacional, capaz de comerciar con los países europeos y asiáticos, y abriendo perspectivas mucho más amplias que las que permite el comercio individual de los Estados.

En el Sur, la reconstrucción es más larga y difícil, porque es el lugar donde han transcurrido la mayor parte de combates: se han devastado campos y plantaciones y se han destruido ciudades enteras. Además, se desmantela el sistema económico de plantación y las tierras se confían a aparceros. Igualmente, cabe destacar que la pérdida de la mano de obra que representan los esclavos conlleva un trastorno económico considerable. La cuota de la agricultura en la economía americana cae de forma drástica, pasando del 72 % al 33 % entre 1839 y 1899. Hay que esperar a mediados del siglo XX para que los Estados del Sur vuelvan a tener un nivel de vida equivalente al de los años anteriores a la Guerra de Secesión.

EL FIN DE LA ESCLAVITUD

La estructura social de los Estados Unidos se ve profundamente modificada a causa de dos fenómenos: el fin de la esclavitud y la inmigración europea y asiática.

La Guerra de Secesión provoca una oleada de inmigración de las poblaciones negras del Sur hacia el Norte. Cerca de 180 000 soldados negros sirven en los ejércitos de la Unión, de los que alrededor de 150 000 eran esclavos, llegados con su familia, sin contar los que huyeron de las persecuciones. Así pues, el gobierno de Abraham Lincoln y de sus sucesores tiene que gestionar esta afluencia de refugiados. Entonces, se pone en marcha un sistema de acogida en las granjas y plantaciones abandonadas y recuperadas por el gobierno, situadas mayoritariamente en el valle del Misisipi.

En el Sur, aunque durante los primeros años se realiza un importante esfuerzo para la integración de las poblaciones negras, este no dura mucho y termina en un sistema de segregación instaurado por las leyes Jim Crow.

¿SABÍAS QUE...?

En el Sur, en los años 1870 y 1880, se llevan a cabo varias medidas de exclusión de los negros. Llamadas leyes Jim Crow (por el nombre de un canto popular que ridiculizaba a los negros), introducen una separación muy estricta entre las dos etnias, que tienen la prohibición de frecuentar los mismos lugares, de ser enterradas en los mismos cementerios, de casarse entre ellas, etc. En 1896, mediante la declaración del caso Plessy contra Ferguson, la Corte Suprema ratifica esta separación de los negros y los blancos, declarando que la segregación es conforme a la Constitución ya que cada comunidad se beneficia de «facilidades iguales». Habrá que esperar al año 1954 y a la decisión del caso Brown contra la Junta de Educación de Topeka para que la segregación se declare inconstitucional, y al *Civil Rights Act* de 1964 para que toda forma de discriminación racial sea declarada ilegal.

LA INMIGRACIÓN EUROPEA Y ASIÁTICA

Gracias al *Homestead Act,* que permite el acceso a la propiedad de granjas cultivadas por familias durante cinco años, y al desarrollo de los ferrocarriles transcontinentales, el Oeste sigue atrayendo a muchos migrantes, americanos y extranjeros. Estos pioneros tienen orígenes muy diversos y desean encontrar mejores condiciones económicas, nuevas tierras, nuevas posibilidades y la libertad política y religiosa. A los migrantes venidos de la Europa del Norte que llegaron en los años 1850 se les suman los hispánicos, que perdieron sus tierras tras la creación de Texas, California y Nuevo México. Los chinos, después de haber participado en la fiebre del oro en California en 1848, constituyen la mayor parte de los obreros para la construcción de las vías férreas iniciada bajo la presidencia de Abraham Lincoln y continuada durante la década posterior.

Esta inmigración, que afecta igualmente al Este, donde provoca un gran crecimiento urbano, se vive primero como una aportación económica favorable, pero rápidamente se convierte en un problema: la importante afluencia de migrantes chinos en California origina violencia en las ciudades de San Francisco y de Los Ángeles, lo que conlleva la promulgación, en 1882, del *Chinese Exclusion Act*, primera ley que pretende limitar la inmigración.

La colonización del Oeste reactiva igualmente el problema de las naciones amerindias. Deportadas en los años 1830 hacia el Oeste, padecen una y otra vez la apropiación abusiva de sus tierras por parte de los colonos blancos. Además, la expansión de la colonización de las grandes llanuras pone en peligro su cultura y amenaza la base de esta, el bisonte. En efecto, este animal se convierte, gracias al auge del comercio, en un bien comercial, lo que aumenta su cacería y conduce a la disminución de sus ejemplares.

LAS REPERCUSIONES POLÍTICAS

Tras la profunda herida infligida en el ideal de una nación unida, se necesita casi una década para que los Estados Unidos de América recuperen una cierta cohesión, a costa de numerosos acuerdos, tanto en el Norte como en el Sur.

La guerra refuerza considerablemente el poder ejecutivo, ya que Abraham Lincoln y su gabinete no dudaron en tomar decisiones a pesar de la negativa del Congreso, o en obligarlo a hacerlo. Igualmente, eludieron a la Corte Suprema, colocándose como los intérpretes últimos de la Constitución. Abraham Lincoln hizo del papel de presidente de los Estados Unidos el de un líder que representa al pueblo y solamente tiene que rendirle cuentas a este.

Tras la votación de la Enmienda XIII que establece la abolición de la esclavitud, se promulgan dos otras enmiendas en 1868 y 1869. La primera tiene como objetivo reconocer la ciudadanía de todas las personas nacidas en los Estados Unidos, y la igualdad de todos. La segunda prohíbe cualquier forma de discriminación racial en materia de acceso a la ciudadanía. En efecto, la ciudadanía de la población emancipada nunca ha sido objeto de un consenso, ni en los Estados abolicionistas. El presidente Andrew Johnson, sucesor de Abraham Lincoln, no la defiende acaloradamente, y hace numerosas concesiones, explícitas o tácitas, al Sur. Así, en 1865 nace el Ku Klux Klan, creado por oficiales sudistas que se oponen a la abolición de la esclavitud y rechazan toda idea de igualdad racial, expresando sus convicciones racistas a través de la violencia y el terror. Ampliamente respaldado por los demócratas sudistas radicales y una gran parte de la población, sus misiones punitivas conllevan la intervención de las fuerzas del orden. Aunque el gobierno federal interviene en la escalada de la violencia y disuelve la sociedad secreta en 1872, no se pronuncia sobre la segregación que se aplica mediante las leyes Jim Crow, que eluden hábilmente las Enmiendas XIV y XV.

EN RESUMEN

Abraham Lincoln © 50MINUTOS.es

- Abraham Lincoln nace el 12 de febrero de 1809 en una familia modesta. Da sus primeros pasos en la esfera política en 1834, mientras continúa con sus estudios de derecho.
- A partir de esta fecha, afirma su orientación política antiesclavista en el seno del Partido Whig.
- En 1846, es elegido al Congreso.
- Cuando el presidente Abraham Lincoln es elegido en noviembre de 1860, se produce la secesión de los Estados

del Sur.

- El primer mandato del presidente está marcado por la Guerra de Secesión, llamada también *Civil War*. Las víctimas humanas del conflicto se cuentan alrededor de las 620 000 y la nación americana se ve fuertemente trastornada por esta guerra, tanto en el plano económico como en el político y social.
- En 1862, promulga el *Homestead Act*, que anima y favorece todavía más la colonización de los territorios del Oeste. Toda persona a la cabeza de una familia que haya ocupado y cultivado un terreno durante cinco años consecutivos puede ahora convertirse en su propietaria, y el precio de compra de un terreno disminuye si ha sido ocupado durante seis meses.
- La colonización del Oeste también se ve facilitada gracias al inicio de las primeras obras de ferrocarriles transcontinentales.
- A través de varias leyes promulgadas entre 1862 y 1864, permite también la creación de un nuevo sistema de banca federal y unifica la estructura monetaria vigente.
- En 1863 y luego en 1865, el presidente proclama la emancipación de los esclavos antes de instaurar la abolición total de la esclavitud (Enmienda XIII a la Constitución).
- Sin embargo, Abraham Lincoln desafortunadamente no conocerá su adopción puesto que es asesinado por un simpatizante sudista el 14 de abril de 1865.

PARA IR MÁS ALLÁ

FUENTES BIBLIOGRÁFICAS

- Ameur, Farid. 2004. *La guerre de Sécession*. París: PUF, colección *Que sais-je?*.
- Bruce, David K. 1954. *Les présidents des USA de George Washington à Abraham Lincoln*. París: Gallimard.
- Desbiens, Albert. 2012. *Histoire des États-Unis. Des origines à nos jours*. París: Éditions du Nouveau Monde.
- Duncan, Andrew Campbell. 2007. "La guerre de Sécession". *Revue d'histoire du XIXe siècle*, n.º 35, 141-159.
- Faulkner, Harold Underwood. 1958. *Une histoire économique des États-Unis d'Amérique, des origines à nos jours*. París: PUF.
- Fohlen, Claude. 2007. *Histoire de l'esclavage aux États-Unis*. París: Perrin.
- Jonas, Raymond A. 1997. "Le prix de la paix. Un regard vendéen sur la guerre de Sécession". *Annales de Bretagne et des pays de l'Ouest*, tomo 104, n.º 1, 89-98.
- Kaspi, André. 1992. *La guerre de Sécession. Les États désunis*. París: Gallimard.
- Mélandri, Pierre. 2008. *Histoire des États-Unis contemporains*. Bruselas: André Versailles.
- Oates, Stephen B. 1984. *Lincoln*. París: Fayard.
- Portes, Jacques. 2010. *Histoire des États-Unis. De 1776 à nos jours*. París: Armand Colin.
- McPherson, James M. 1991. *La guerre de Sécession (1861-1865)*. París: Robert Laffont.

FUENTES ICONOGRÁFICAS

- Retrato de Abraham Lincoln de 1863. La imagen reproducida está libre de derechos.
- Bombardeo de Fort Sumter. La imagen reproducida está libre de derechos.
- Asesinato del presidente Lincoln. La imagen reproducida está libre de derechos.
- La rendición de Lee y de su ejército ante Grant. La imagen reproducida está libre de derechos.

PELÍCULA

- *Lincoln*. Dirigida por Steven Spielberg, con Daniel Day-Lewis, Sally Field y Tommy Lee Jones. Estados Unidos: 20th Century Fox, DreamWorks SKG, Amblin Entertainment, Imagine Entertainment, The Kennedy/Marshall Company, Participant Media, Reliance Entertainment, Office Seekers Productions y Parkes/MacDonald Productions, 2012.

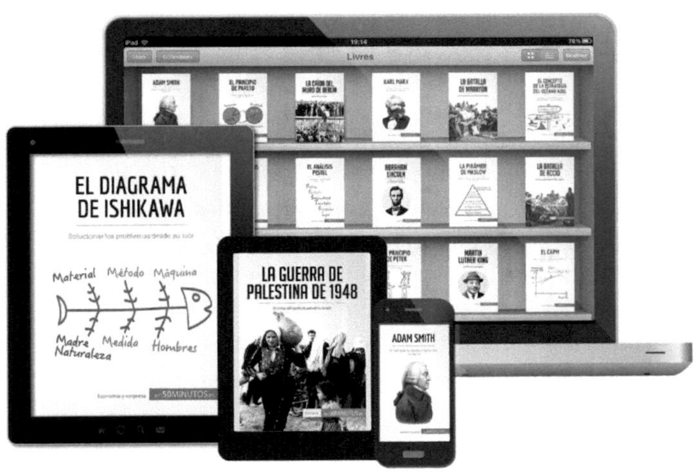

¡APRENDER NUNCA ANTES FUE TAN RÁPIDO!

www.en50minutos.es

www.en50Minutos.es

ISBN ebook: 9782806277435

ISBN papel: 9782806285270

Depósito legal: D/2016/12603/460

Libro realizado por Primento, *el socio digital de los editores*